AF542256

PSEAUME XCIV.

Excellente exhortation à loüer & à adorer Dieu ; à le reconnoiſtre pour le Seigneur & le Roy de tout le monde; & à n'être pas endurci à ſa voix, comme l'ont eſté les Juifs que Dieu a rejettez du repos de ſon Royaume.

Eníte, exultémus Dómino : jubilémus Deo ſalutári noſtro.

Præoccupémus fáciem ejus in con-feſſió [illegible] i.

Q [illegible] inus : & Rex magı [illegible]

Q [illegible] inus plebem ſuam [illegible] nes fines ter-ræ, [illegible] cónſpicit.

Q [illegible] ſe fecit illud: & ár [illegible]

Ve [illegible] s ante Deum.

Pl [illegible] cit nos : quia ipſe [illegible]

N [illegible] s paſcuæ ejus.

Hódie ſi vocem ejus audiéritis : nolíte ob-duráre corda veſtra.

PLVS PENSER QVE DIRE

EXTRAIT
DES
EDITS, DECLARATIONS,
ET
ARRESTS DU CONSEIL,
CONCERNANT
LES MONNOYES DE FRANCE,
A COMMENCER EN L'ANNÉE MIL SIX CENS QUARANTE.

AVEC

Les Empreintes de toutes les Especes d'Or & d'Argent, & les Augmentations ou Diminutions ordonnées sur icelles depuis mil six cens quatre-vingt-neuf, jusqu'à present.

A PARIS,
Chez PIERRE PRAULT, Imprimeur des Fermes & Droits du Roy, Quay de Gêvres, au Paradis.

M. DCC. XLI.
AVEC PRIVILEGE DU ROY.

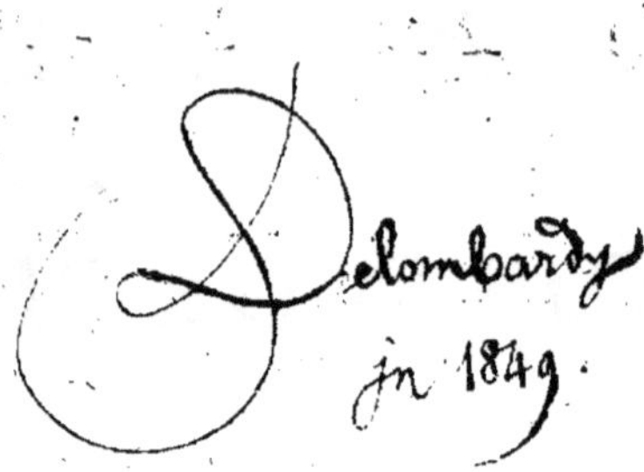

A été aussi édité à Amiens, 1731, in-4. Vendu 2f 50 Lefebvre 1849.

acq. 0,75
Chez Laisné.

VALEUR

DES ESPECES D'OR ET D'ARGENT.

LES Fabrications & Réformations survenuës depuis la Declaration du 31 Mars 1640. & les Diminutions ou Augmentations indiquées sur icelles depuis l'Edit du mois de Decembre 1689.

PAR la Declaration du Roy Loüis XIII. du 31 Mars 1640. il fut ordonné une Fabrication de Loüis d'Or de 36 un quart au marc, du poids de cinq deniers six grains, valeur de dix livres : Et peu de tems après, ce Prince ordonna la Fabrication des Loüis d'Argent, ou Pieces de soixante sols, que l'on a depuis nommé communément Ecu blanc ; le tout avec un grennety sur le contours, comme il se voit par les Empreintes ci-après.

On a continué sous le Regne de Loüis XIV. de glorieuse memoire, jusqu'en l'année 1689. de fabriquer des Especes au même Poids, Titre, Loy, Cours & Empreintes que celles ci-dessus, à la réserve de l'image du Prince, à laquelle fut substituée celle du Roy lors Regnant.

A

7b 1685. Carambole de 80 s. à 10d. 7g; 6 1/2 au marc. Demi, quart, 8me, 16me.

EDIT DE DECEMBRE 1689.

Nouvelle Fabrication & Réforme.

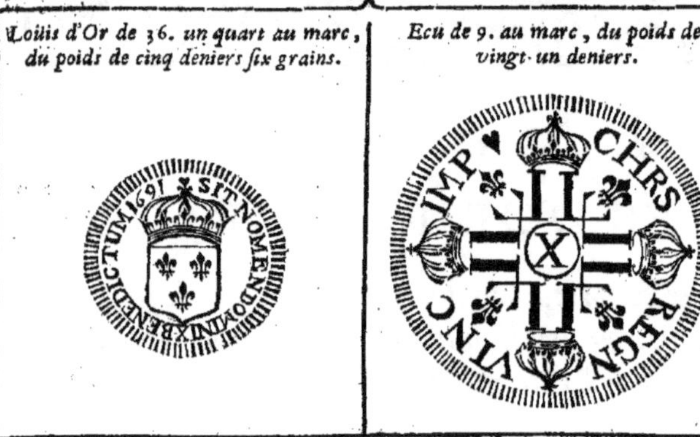

Loüis d'Or de 36. un quart au marc, du poids de cinq deniers six grains.

Ecu de 9. au marc, du poids de vingt-un deniers.

	livres.	Sols.	Den.
Loüis XIV. ordonna par cet Edit, que les Loüis d'Or, tant de la nouvelle fabrication que réformés à l'Ecusson des Armes de France, auroient cours au premier Janvier 1690. pour	12	10	0
Les Ecus, pour	3	6	0
Les demis, quarts, &c. à proportion.			
1691. Réformation des Pieces de 3. sols 6. deniers à 4. sols. Par la Declaration du 28 Aoust 1691. les Pieces qui avoient cours pour trois sols six deniers, ont été réformées, & ont eu cours pour	0	4	0
Par Arrêt du 22 Juillet 1692. les Loüis réformés ont été diminués au premier Aoust ensuivant, de cinq sols, & n'ont eu cours que pour	12	5	0
Les Ecus de la même fabrication, pour . . .	3	5	0
1692. Réformation des Sols marqués. Par Edit du mois d'Octobre 1692. les Sols marqués appellés Douzains ont été réformés, & on en fabriqua qui eurent cours pour	0	1	3
Par Arrêt de Decembre 1692. les Loüis d'Or ont été réduits au premier Janvier ensuivant à	12	0	0
Les Ecus à	3	4	0
1693. Fabrication des Liards. Par la Declaration du 9 Juin 1693. l'on fabriqua des Liards, qui ont eu cours pour	0	0	3

	Livres.	Sols.	Den.
Par Arrêt du 16 Juin 1693. les Loüis d'Or ont été réduits, à commencer au premier Juillet ensuivant, à	11	15	0
Les Ecus à	3	3	0
Par Arrêts des 16 Juin & 26 Juillet 1693. les Loüis d'Or ont été réduits, à commencer au premier Aoust ensuivant à	11	10	0
Et les Ecus réduits à	3	2	0

EDIT DE SEPTEMBRE 1693.

Réformation des Loüis & Ecus.

Loüis d'Or de 36 un quart au marc, du poids de cinq deniers six grains.

Ecu de 9 au marc, du poids de vingt-un deniers.

	Livres.	Sols.	Den.
Par cet Edit, & Declaration du onze Octobre 1693. les Loüis réformés ont eu cours au premier jour dudit mois d'Octobre, pour	14	0	0
Les Ecus pour	3	12	0
Le premier Janvier 1700. lesdites Especes ont été réduites,			
SÇAVOIR,			
Les Loüis d'Or à	13	15	0
Les Ecus à	3	11	0
Le premier Fevrier les Loüis d'Or ont été réduits à	13	10	0
Les Ecus à	3	10	0
Le premier Avril, les Loüis d'Or à	13	5	0

Les Ecus à	3	9	0
Le premier Juin, les Loüis d'Or à	13	0	0
Les Ecus à	3	8	0
Par Arrêts des 30 Novembre & 21 Decembre 1700. les Loüis d'Or ont été réduits au premier Janvier 1701. à	12	15	0
Les Ecus à	3	7	0
Les Pieces de quatre sols à	0	3	9
Le premier Avril ensuivant, les Loüis d'Or à . .	12	10	0
Les Ecus à	3	6	0
Par Arrêt du 28 Juin 1701. les Loüis d'Or ont été réduits au premier Juillet à	12	0	0
Les Ecus à	3	5	0
Les demis, quarts & douziémes à proportion.			
Par Arrêt du 19 Septembre 1701. les Loüis d'Or ont été augmentés, & ont eu cours dès ledit jour, pour	12	10	0
Les Ecus pour	3	7	6
Les demis, quarts & douziémes, à proportion.			
Par la Declaration du 27 Septembre 1701. les Loüis d'Or ont été augmentés, & ont eu cours pour .	13	0	0
Les Ecus pour	3	10	0
Les demis, quarts & douziémes, à proportion.			
Les Pieces de trois sols neuf deniers, pour . . .	0	4	0

EDIT DE SEPTEMBRE 1701.

Nouvelle Fabrication des Louis & Ecus.

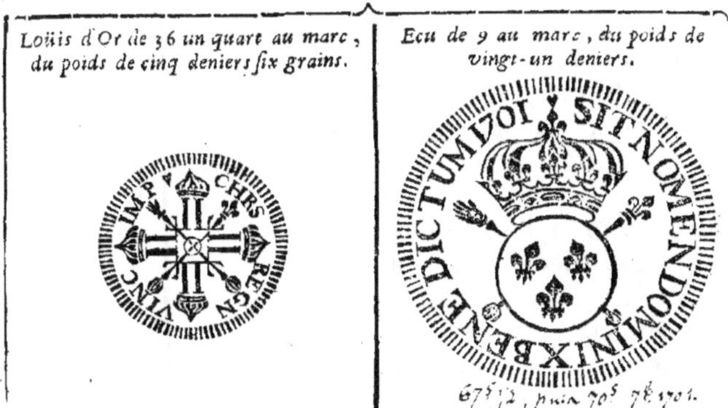

Loüis d'Or de 36 un quart au marc, du poids de cinq deniers six grains. — *Ecu de 9 au marc, du poids de vingt-un deniers.*

	livres.	Sols.	Den.
Par Edit du mois de Septembre, & Declaration du 27 dudit mois 1701. les Loüis d'Or de nouvelle fabrication ou réformés, ont eu cours au 4 Octobre pour	14	0	
Les Ecus pour	3	16	
Par Arrest du 29 Octobre 1701. les Louis d'Or & les Ecus non-réformés ont eu cours pendant les vingt premiers jours de Novembre seulement sur le pied de	13	0	
Et les Ecus pour	3	10	
Par la Declaration du 14 Mars 1702. les Pieces de quatre sols ont été réformées, & ont eu cours pour	0	5	
Par Arrest du 22. Aoust 1702. les Loüis d'Or ont été réduits au premier Septembre ensuivant à . .	13	15	
Les Ecus à	3	14	
Les Pieces de cinq sols à	0	4	10
Par Arrest du 17. Octobre 1702. les Louis d'Or ont été réduits au premier Janvier 1703. à . . .	13	10	
Les Ecus à	3	12	

1702. *Réformation des Pieces de 4. sols.*

	Livres.	Sols.	Den.
Les Pieces de cinq sols à	9	4	8
Les Pieces de quatre sols à	0	3	11
1703. *Fabrication des Pieces de dix sols.* Par la Declaration du 29 May 1703. il fut fabriqué des Pieces de dix sols, qui ont eu cours pour . .	0	10	
Par Arrest du 14 Juillet 1703. les Loüis d'Or ont été réduits au premier Aoust ensuivant à	13	5	
Les Ecus à	3	11	
Les Pieces de cinq sols réformées à	0	4	9
Par Arrest du 21 Aoust 1703. les Louis d'Or ont été réduits pour avoir cours au premier Octobre ensuivant à	13	0	
Les Ecus à	3	10	
Par Arrest du 30 Octobre 1703. les Loüis d'Or & Ecus réformés, ou non réformés, ont continué d'avoir cours, conformément au précedent Arrest : Mais les Pieces de quatre sols réformées ont été réduites à	0	3	10
Par Arrest du premier Avril 1704. les Louis d'Or ont été réduits au premier May ensuivant à	12	15	
Les Ecus à	3	9	
Les demis, quarts &c. à proportion.			
Les Pieces de cinq sols pour	0	4	6
Par le même Arrest les Loüis d'Or ont été réduits au quinze May à	12	10	
Les Ecus à	3	8	

EDIT DE MAY 1704.

Nouvelle Fabrication & Réformation des Loüis & Ecus.

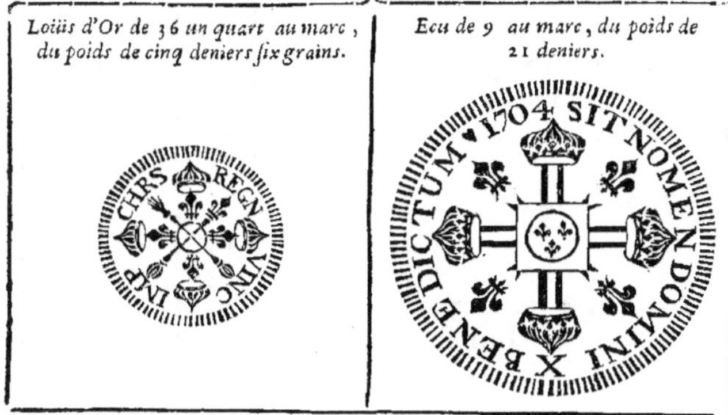

Loüis d'Or de 36 un quart au marc, du poids de cinq deniers six grains.

Ecu de 9 au marc, du poids de 21 deniers.

Par cet Edit l'on a fabriqué des Especes & réformé les anciennes.

	Livres	Sols.
Les Loüis d'Or ont eu cours pour	15	
Les Ecus pour	4	
Nota. *Que le premier Novembre 1704. les Especes non-réformées ont été décriées dans le commerce; permis néanmoins de les mettre aux Hôtels des Monnoyes & Bureaux de Sa Majesté, sur le pied,*		
Sçavoir,		
Les Loüis d'Or à	12	10
Les Ecus à	3	8
Par Arrest du 20 Janvier 1705. les Loüis d'Or neufs & réformés ont été diminués de cinq sols, & ont eu cours le premier Fevrier pour	14	15
Les Ecus pour	3	19
Par Arrest du 19 May 1705. les mêmes Loüis d'Or ont été réduits au premier Juillet ensuivant à . . .	14	10
Les Ecus à	3	18

	Livres.	Sols.	Den.
Par Arrest du 7. Juillet 1705. les mêmes Loüis d'Or ont été réduits, pour avoir cours au premier Septembre ensuivant à	14	5	
Les Ecus à	3	17	6
NOTA. *Qu'au mois de Novembre 1705. les Especes non-réformées ont été permises dans le commerce, & ont eu cours comme les nouvelles.*			
Par Arrest du 17 Septembre 1705. les Loüis d'Or tant vieux que neufs, ont été réduits pour avoir cours au premier Janvier 1706. à	14		
Les Ecus à	3	16	
Le premier Mars 1706. les Louis d'Or ont été réduits à	13	15	
Les Ecus à	3	14	
Par Arrests des 25 May & 8 Juin 1706. les Louis d'Or ont été réduits au premier Juillet ensuivant, à	13	10	
Les Ecus à	3	12	
Les Pieces de dix sols à	0	9	6
Par Arrest du 27 Novembre 1706. les Louis d'Or ont été réduits au premier Janvier 1707. à	13	5	
Les Ecus à	3	11	
Par Arrest du 9. Aoust 1707. les Pieces de neuf sols six deniers ont été remises le quinze dudit mois à	0	10	
1707. Fabrication des Pieces de vingt sols. La Declaration du 9 Aoust 1707. ordonne la fabrication des Pieces de vingt sols	1		
Par Arrests des 31 Janvier & 14 Fevrier 1708. les Loüis d'Or ont été réduits pour avoir cours au premier Mars à	13		
Les Pieces de vingt sols à	0	18	
Celles de dix sols à	0	9	
Le premier Avril 1708. les Ecus à	3	10	
Les Pieces de dix-huit sols à	0	17	
Les Pieces de neuf sols à	0	8	6
Les Pieces de quatre sols six deniers à	0	4	3
Par Arrest du 17. Avril 1708. les Pieces de dix-sept sols ont été réduites au premier Juin à	0	16	

Les

	Livres.	Sols.	Den.
Les Pieces de huit sols six deniers à	0	8	
Les Pieces de quatre sols trois deniers à . . .	0	4	
Par Arrest du 21 Juillet 1708. les Pieces de seize sols ont été réduites au premier Aoust ensuivant à . . .	0	15	6
Les Pieces de huit sols à	0	7	9
Par Arrest du 20 Novembre 1708. les Loüis d'Or ont été diminués de cinq sols, & ont eu cours au premier Janvier 1709. pour	12	15	
Les Ecus pour	3	8	
Les Pieces de vingt sols pour	0	15	
Les Pieces de dix sols pour	0	7	6
Les Pieces de quatre sols pour	0	3	9
Par Arrest du 19 Fevrier 1709. les Loüis d'Or ont été réduits au seize Mars ensuivant à	12	10	
Les Ecus à	3	5	
Les Pieces de vingt sols à	0	14	6
Les Pieces de dix sols à	0	7	3
Les Pieces de quatre sols à	0	3	6
NOTA. *Que depuis 1640. jusqu'à cette année 1709. les Loüis d'Or ont été de trente-six un quart au marc, & les Ecus de neuf au marc.*			
Au mois d'Avril 1709. il y eut un Edit, qui ordonnoit une nouvelle fabrication de Loüis d'Or à seize livres dix sols, & les Ecus à quatre livres huit sols. Edit modifié en mai 1709.			

EDIT DE MAY 1709.

Nouvelle Fabrication d'Especes.

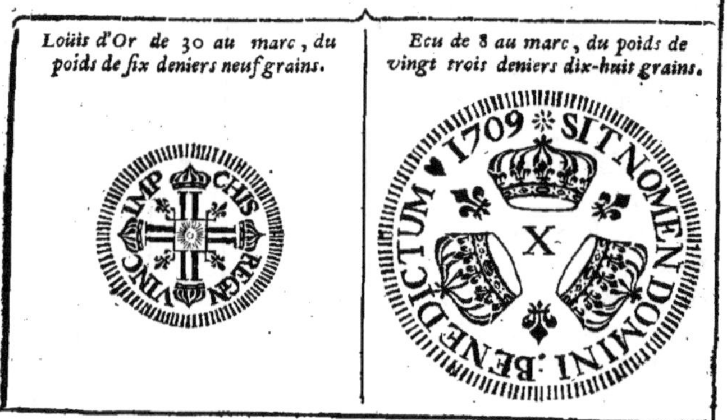

Loüis d'Or de 30 au marc, du poids de six deniers neuf grains. — *Ecu de 8 au marc, du poids de vingt trois deniers dix-huit grains.*

	livres.	Sols.	Den.	
Le Roy a donné un autre Edit au mois de May 1709. qui a été enregistré en la Cour des Monnoyes le 14 dudit mois, qui a ordonné qu'il seroit fabriqué des Loüis d'Or à la marque de huit L. *& un* Soleil *au milieu, du poids de 6 deniers 9 grains, à la taille de 30 au marc, & ont eu cours pour*	20	0		
Les doubles & demis à proportion.				
Les Ecus de 8. au marc du poids de 23. deniers 18. grains, appellés les Ecus aux trois Couronnes pour	5	0		
Par le même Edit, il a été ordonné que jusqu'à la fin d'Aoust 1709. les Loüis d'Or & les Ecus, Pieces de vingt sols & de dix sols, tant fabriquées que réformées, avant le present Edit, seroient reçûës & exposées,				
SÇAVOIR,				
Les Loüis pour	12	10		
Les Ecus pour	3	5		7
Les Pieces de vingt sols pour	0	14	6	
Les Pieces de dix sols pour	0	7	3	
Les Pieces de quatre sols pour	0	2	6	

Il fut défendu de recevoir lesdites Especes sur un plus haut pied, à peine de confiscation, comme il est plus amplement porté par ledit Edit.

	Livres	Sols.	Den.
Par Arrest du 14 May 1709. les anciens Loüis d'Or ont augmenté de dix sols, & ont eu cours pour	13	0	
Les anciens Ecus pour	3	10	
Les Pieces de vingt sols pour	0	14	6
Les Pieces de dix sols pour	0	7	3
Par Arrest du 4 Juin 1709. les anciennes Especes ont augmenté pendant ledit mois,			
SÇAVOIR,			
Les anciens Loüis d'Or pour	13	5	
Les anciens Ecus pour	3	12	
Les Pieces de vingt sols pour	0	15	
Les Pieces de dix sols pour	0	7	6
NOTA. *Que toutes les anciennes Especes qui ont été fabriquées en France, ou dans les Pays Etrangers, ont été décriées de tous cours.*			
Par Arrest du 28 Decembre 1709. lesdites Especes pouvoient être reçûës dans les Bureaux des Recettes du Roy.			
SÇAVOIR,			
Les Loüis d'Or pour	13	10	
Les Ecus pour	3	13	
Par Edit du mois de Septembre 1709. il a été fabriqué des Pieces de trente deniers qui ont eu cours pour	0	2	6
Et le premier Janvier 1710. jusqu'au seize, les Pieces de vingt sols ont été réduites à	0	14	6
Les Pieces de dix sols à	0	7	3
Et depuis le seize Janvier jusqu'à la fin dudit mois, les Pieces de vingt sols ont valu	0	14	
Les Pieces de dix sols	0	7	
Par Arrest du 30. Septembre 1713. il a été ordonné des diminutions sur les Loüis d'Or de 30 au marc, & les Ecus de 8. au marc, fabriqués par l'Edit de May 1709.			
SÇAVOIR,			
Au premier Decembre 1713. les Loüis d'Or à . .	19	10	
Les Ecus à	4	17	6

1709. Fabrication des Pieces de trente deniers.

	Livres.	Sols.	Den.
Au premier Fevrier 1714. les Loüis d'Or à	19	10	
Les Ecus à	4	15	
Les demis, quarts, dixiémes, &c. à proportion.			
NOTA. *Que par Arrest du 3. Fevrier 1714. il a été fait défenses d'exposer les Especes de Billon, autrement qu'en détail, ni plus d'un trentiéme dans les payemens au-dessus de dix livres, à peine de 3000 livres d'amende.*			
Au premier Avril 1714. les Loüis d'Or ont été réduits suivant & conformément à l'Arrest du 30 Septembre 1713. à	18	10	
Les Ecus à	4	12	6
Les demis, quarts, &c. à proportion.			
Les Pieces de trente deniers à	0	2	3
Les Sols ou Douzains, à	0	1	5
Au premier Juin lesdits Loüis ont été réduits à	18	0	
Les Ecus à	4	10	
Les demis, quarts, &c. à proportion.			
Les Pieces de trente deniers à	0	2	
Les Sols ou Douzains à	0	1	3
Au premier Septembre lesdits Loüis d'Or à	17	0	
Les Ecus à	4	5	
Les demis, quarts, &c. à proportion.			
NOTA. *Que la diminution, qui par l'Arrest du 30 Septembre 1713. avoit été indiquée pour Decembre, fut partagée moitié au quinze Octobre; & l'autre moitié au premier Decembre 1713. l'Arrest du 30 Septembre au surplus executé.*			
Par Arrêt du 15 Aoust 1714. il fut ordonné que les Loüis d'Or de trente au marc n'auroient cours au quinze Octobre ensuivant que pour	16	10	
Les Ecus de huit au marc pour	4	2	6
Et au premier Decembre lesdits Loüis que pour	16	0	
Et les Ecus pour	4	0	
Par Arrest du 8. Decembre 1714. il y eut quatre diminutions indiquées.			

SÇAVOIR,

Au premier Fevrier 1715. le Loüis d'Or a

été

	Livres.	Sols.	Den.
été fixé à	15	10	
L'Ecu à	3	17	6
Au premier Avril ensuivant le Loüis à	15		
L'Ecu à	3	15	
Au premier Juin les Loüis d'Or à	14	10	
Les Ecus à	3	12	6
Et au premier Aoust les Loüis à	14		
Les Ecus à	3	10	

Cette diminution indiquée pour le premier Aoust, n'eut son execution que le premier Septembre 1715. conformément à l'Arrest du 23 Juillet audit an.

LOUIS XV. *né le 15. Fevrier 1710. succeda à son Bisayeul le premier jour de Septembre 1715. (qui décéda à Versailles ledit jour entre 8. à 9. heures du matin) sous la Régence de M. le Duc d'Orleans, qui alla le lendemain 2. dudit mois au Parlement, accompagné des Princes & Seigneurs, où il fut déclaré Régent.*

Par Arrêt du 12 Octobre de la même année, les

	Livres.	Sols.	Den.
Pieces de 24 deniers ont été réduites à	0	1	9
Les Douzains à	0	1	3

EDIT DE DECEMBRE 1715.

Reformation des Especes.

Loüis d'Or de 30. un quart au marc, du poids de six deniers neuf grains.	*Ecu de 8. au marc, du poids de vingt trois deniers dix-huit grains.*

Par cet Edit il a été ordonné une réforme des Especes, fabriquées en conséquence de l'Edit du mois de May 1709.

Les nouvelles Especes réformées ont eu cours dès ledit mois,

SÇAVOIR,

	Livres.
Les Loüis d'Or pour	20
Les Ecus pour	5

Les Especes non-réformées ont été augmentées & ont eu cours,

SÇAVOIR,

Les Loüis d'Or pour	16
Les Ecus pour	4

EDIT DE NOVEMBRE 1716.

Nouvelle Fabrication de Louis d'Or.

Loüis d'Or de 20 au marc, du poids de 9. deniers 14. grains.

	livres.	Sols.	Den.
Par cet Edit le Roy a ordonné une nouvelle fabrication de Louis d'Or, du poids de 9 deniers 14 grains, à la taille de 20 au marc, qui ne devoient être fabriqués qu'à l'Hôtel de la Monnoye de Paris; mais depuis par Arrest du 18 Fevrier 1718. la fabrication en fut permise dans les autres Monnoyes du Royaume, lesquels Louis d'Or ont eu cours pour	30		
Par le même Edit il fut indiqué des diminutions sur les Ecus non-réformés, SÇAVOIR,			
Au premier Janvier 1717. pour	3	18	9
Les demis, quarts, & douziémes à proportion.			
Au premier Fevrier 1717. pour	3	15	
Le premier Mars ensuivant, les Ecus non-reformés pour	3	10	
Par Arrest du 30 Janvier 1717. il a été ordonné que les Louis d'Or de 20 livres, à la taille de 30 au marc, ne pourroient être exposés dans le commerce que jusqu'au 15 Fevrier dans la Ville & Election de Paris; & dans tout le Royaume jusqu'à la fin dudit mois, après quoy décriés: mais le cours en fut prorogé,			
SÇAVOIR,			
Par deux Arrests du 5. Mars 1717. dont le premier			

ordonne que lesdits Louis d'Or de 20 livres continueront d'être reçûs à la Monnoye de Paris jusqu'au dernier dudit mois; & le second qui proroge jusqu'au premier May la diminution ordonnée sur les anciennes Especes d'Or & d'argent par l'Article IX. de l'Edit du mois de Novembre 1716.

L'Arrest du 5 Avril 1717. proroge jusqu'à la fin dudit mois le cours des Loüis d'Or de 30 au marc.

Celui du 24 dudit mois d'Avril proroge jusqu'au premier Juillet la diminution des Ecus à réformer, & celles des matieres d'Or & d'argent ordonnée par l'Article IX. de l'Edit de Novembre 1716.

L'Arrest du 19 Juin 1717. proroge jusqu'au premier Septembre la diminution qui avoit été indiquée par l'Arrest du 24 Avril.

Celui du 31 Aoust 1717. proroge jusqu'au premier Decembre audit an, la diminution indiquée au premier Septembre précedent, sur lesdites anciennes Especes.

L'Arrest du 27 Novembre 1717. proroge jusqu'au premier Fevrier 1718. la diminution indiquée au premier Decembre 1717.

Et celui du 22. Ianvier 1718. proroge jusqu'au premier Juin audit an, la diminution indiquée par l'Arrest du 27 Novembre 1717.

Par Arrest du 12 Fevrier 1718. il fut permis de porter aux Hôtels des Monnoyes les Especes non-réformées avec des Billets d'Estat, ou des Receveurs Généraux, jusqu'à la concurrence d'un sixiéme.

	Livres.	Sols.
Par Arrest du 26 Fevrier 1718. les Louis d'Or fabriqués & réformés à la taille de 30 au marc, ont été reçûs dans les Bureaux des Recettes de Sa Majesté seulement, jusqu'au premier Avril pour	18	
Ceux de 36 un quart au marc pour	15	
Les Ecus de 8 au marc pour	4	10
Ceux de 9 au marc pour	4	
Les demis, quarts, &c. à proportion.		

Par Arrest du 19. Mars 1718. les anciennes Especes d'Or & d'Argent non-réformées, ont continué d'être d'être reçûës dans les Hôtels des Monnoyes jusqu'au premier Juin, avec un cinquiéme en sus de Billets d'Estat, ou des Receveurs Generaux.

Par autre Arrest dudit jour 19 Mars, les Especes non-reformées ont été reçûës à la piece pendant les mois d'Avril & May, pour toutes les Impositions & Droits de Sa Majesté, sur le pied fixé par l'Arrest du 26 Fevrier 1718.

Par autre Arrest du 16 May 1718. la permission de porter un cinquiéme en sus des Billets d'Estat, Billets des Receveurs Generaux des Finances & de leurs Caisses communes, ou de leurs interêts desdits Billets, conformément aux Arrests des 12 & 26 Fevrier precedens, fut prorogée jusqu'à la fin de Juillet.

Et par autre Arrêt du même jour 16 May, il a été ordonné que les anciennes Especes d'Or & d'Argent seroient reçûës à la piece en payement de toutes les Impositions & Droits de Sa Majesté, durant les mois de Juin & Juillet.

EDIT DE MAY 1718.

Reformation generale des Especes.

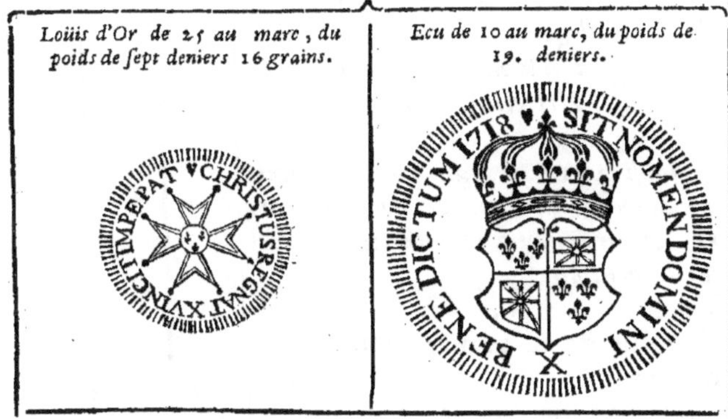

Loüis d'Or de 25 au marc, du poids de sept deniers 16 grains.

Ecu de 10 au marc, du poids de 19. deniers.

Par cet Edit il a été ordonné une refonte generale; les Loüis d'Or ont été fabriqués à la taille de 25. au marc, du poids de 7 deniers 16 grains, & les Ecus à

E

la taille de 10 au marc, du poids de 19 deniers, & ont eu cours,

SÇAVOIR,

	Livres.	Sols.	Den.
Les Loüis d'Or pour	36		
Et les Ecus pour	6		

Par le même Edit, il a été ordonné que toutes les anciennes Especes d'Or & d'Argent auroient cours,

SÇAVOIR,

	Livres.	Sols.	Den.
Les Loüis d'Or de 20 au marc fabriqués par Edit de Novembre 1716. pour	36		
Les Loüis d'Or de 30 au marc fabriqués par les Edits des mois de May 1709. & Decembre 1715. pour	24		
Les anciens Loüis d'Or de 36. un quart au marc pour	19	12	
Les Ecus de 8. au marc pour	6		
Ceux de 9 au marc pour	5	6	
Les sols marqués pour	0	1	6
Les Pieces de 30 deniers pour	0	2	3

Par le même Edit du mois de May 1718. enregistré en la Cour des Monnoyes le 31. dudit mois, les anciennes Especes d'Or & d'Argent ont été reçûës aux Hôtels des Monnoyes, avec les deux cinquiémes en sus en Billets d'Estat.

Par Arrest du 17 Juillet 1718. il a été ordonné que les anciennes Especes d'Or & d'Argent, continuroient d'avoir cours dans les Villes où il y a Monnoye pendant le mois d'Aoust sur le pied porté par l'Article X. de l'Edit du mois de May precedent.

Par Arrest du 20 Aoust 1718. les anciennes Especes d'Or & d'Argent ont demeuré décriées & hors de cours au premier Septembre, & néanmoins ont pû être données en payement de toutes impositions,

SÇAVOIR,

	Livres.	Sols.	Den.
Les Loüis d'Or à la taille de 20 au marc pour . .	36		
Ceux de 30 au marc pour	24		
Et ceux de 36 un quart au marc pour	19	12	
Les Ecus de 8 au marc pour	6		
Et ceux de 9 au marc pour	5	6	
Les doubles, demis, quarts, dixiémes, &			

	livres.	Sols.
vingtiémes desdites Especes d'Or & d'Argent à proportion, & ont été reçûës sur le pied cy-dessus aux Hôtels des Monnoyes lors qu'elles y ont été portées sans Billets d'Estat.		
Par Arrest du 20 Septembre 1718. les Ecus de 8. au marc ont eu cours pendant le mois d'Octobre pour . . .	6	
Et les Ecus de 9 au marc ont été décriés; permis néanmoins de les porter à la Monnoye.		
Par Arrest du 20. Octobre 1718. les Ecus de 8. au marc ont été décriés; permis néanmoins de les donner en payement aux Bureaux des Recettes du Roy: Les demis, quarts, &c. ont eu cours dans le public pendant le mois de Novembre, à proportion de six livres l'Ecu.		
Par Arrest du 20 Novembre 1718. les demis, quarts, dixiémes & vingtiémes d'Ecu de 8 au marc, ont eu cours dans le commerce pendant Decembre sur le même pied de six livres l'Ecu.		
Par Arrest du 19 Decembre 1718. les demis, quarts d'Ecu de 8 au marc, ont eu cours pendant Janvier sur le pied porté par l'Arrest du 20 Septembre precedent.		
Par la Declaration du 19 Decembre 1718. il a été fabriqué des Sixiémes & Douziémes d'Ecus à la taille de dix au marc du titre porté par l'Edit du mois de May audit an, lesquels ont eu cours à proportion de ce que lesdits Ecus valoient pour lors. (*1718. Fabrication des Sixiémes & Douziémes d'Ecu de 10 au marc.*)		
SÇAVOIR,		
Les Sixiémes pour	1	
Et les Douziémes pour	0	10
Par Edit de May 1719. il a été fabriqué des Pieces de 12 deniers & de 6 deniers. (*1719. Fabrication des Pieces de douze deniers & de six deniers.*)		
Par Arrest du 7. May 1719. les Loüis d'Or à la taille de 25 au marc, fabriqués en consequence de l'Edit du mois de May 1718. ont été diminués de 20 sols, & ont eu cours ledit jour pour	35	
Par Edit de Juillet 1719. il a été fabriqué des Pieces de trois deniers. (*1719. Fabrication des Pieces de 3. deniers.*)		
Par Arrest du 25. Juillet 1719. les Loüis		

	Livres.	Sols.
d'Or de 25 au marc, ont été réduits à	34	0
Par Arreſt du 3 Aouſt 1719. il a été fait une réduction du prix des anciennes Eſpeces & matieres d'Or à diminuer de mois en mois, juſques & compris le premier Novembre; & cet Arreſt a ordonné qu'à commencer au 15 Septembre, les Ecus ne ſeroient plus reçûs à la Monnoye qu'au marc.		
Par Arreſt du 23 Septembre 1719. les Loüis d'Or de 25 au marc ont été réduits juſqu'au 3 Decembre enſuivant à	33	0
Les Ecus de dix au marc à	5	16
Les demis, quarts, &c. à proportion.		
Par Arreſt du 3 Decembre 1719. les Loüis d'Or de 25 au marc, depuis ledit jour juſqu'au premier Janvier 1720. n'ont eu cours que pour	32	0
Les Ecus de 10 au marc que pour	5	12
Le premier Janvier 1720. juſqu'au 26 du même mois, les Loüis d'Or de 25 au marc n'ont eu cours que pour	31	0
Les Ecus de 10. au marc que pour	5	8
Par Arreſt du 10 Decembre 1719. les ſixiémes ou douziémes d'Ecus de 10. au marc, qui avoient cours lors dudit Arreſt pour 20 ſols & 10 ſols, ont été réduits,		
SÇAVOIR,		
Les Sixiémes d'Ecu pour	0	18
Les Douziémes pour	0	9

EDIT

EDIT DE DECEMBRE 1719.

Fabrication des Livres d'Argent fin.

Livres d'Argent de 12. deniers de fin, à la taille de 65 un onziéme par marc.

	Livres.	Sols.	Den.
Par Edit de Decembre 1719. il a été fabriqué des Livres d'Argent fin, qui ont eu cours pour	1		
Par Arrest du 22 Janvier 1720. les Especes ont été augmentées & ont eu cours,			
SÇAVOIR,			
Les Loüis d'Or de 25 au marc pour	36		
Ceux de 20 au marc pour	45		
Ceux de 30 au marc pour	30		
Ceux de 36 un quart au marc pour	24	12	
Les Ecus de 10 au marc pour	6		
Les Ecus de 8 au marc pour	7	10	
Les anciens Ecus des precedentes fabrications de 9 au marc pour	6	13	4
Les demis, quarts, &c. à proportion.			
Par les Arrests des 28 & 31 Janvier & 3 Fevrier 1720. les Especes ont été réduites,			
SÇAVOIR,			
Les Loüis de 25 au marc à	34		
Les Louis de 20 au marc à	42	10	
Ceux de 30 au marc à	28	6	8
Ceux de 36 un quart au marc à	23	9	
Les Ecus de 10 au marc à	5	13	6
Les Ecus de 8 au marc à	7	1	8
Les Ecus de 9 au marc à	6	6	

Dans les Monnoyes le marc d'Or à 900 livres.

Le marc d'Argent à 60 livres.

Par Arrest du 25 Fevrier 1720. les Especes ont été augmentées & ont eu cours,

SÇAVOIR,

	Livres.	Sols.	Den.
Les Loüis d'Or de 25 au marc pour	36		
Ceux de 20 au marc pour	45		
Ceux de 30 au marc pour	30		
Ceux de 36 un quart au marc pour	24	12	
Les Ecus de 10 au marc pour	6		
Les Ecus de 8 au marc pour	7	10	
Les Ecus de 9 au marc pour	6	13	4
Les Pieces de 30 deniers pour	0	3	
Les Sols marqués pour	0	2	
Les Sols de Billon pour	0	2	

Les demis, quarts, &c. à proportion.

Par l'Arrest du 27 Fevrier 1720. il fut fait défenses d'avoir plus de 500 livres chez soy.

Par Arrest du 5 Mars 1720. les Especes ont été augmentées & ont eu cours,

SÇAVOIR,

	Livres.	Sols.	Den.
Les Loüis d'Or de 25 au marc pour	48		
Ceux de 20 au marc pour	60		
Ceux de 30 au marc pour	40		
Ceux de 36 un quart au marc pour	32	16	
Les Ecus de 10 au marc pour	8		
Les Ecus de 8 au marc pour	10		
Les Ecus de 9 au marc pour	8	17	9
Les sixiémes d'Ecus pour	1	10	
Les Livres d'Argent pour	1	10	
Les douziémes d'Ecus pour	0	15	

Par la Declaration du 11. Mars 1720. les Especes ont été réduites le premier Avril ensuivant,

SÇAVOIR,

	Livres.	Sols.	Den.
Les Louis d'Or de 25 au marc à	36		
Ceux de 20 au marc à	45		
Ceux de 30 au marc à	30		
Ceux de 36. un quart au marc à	24	12	

Le marc d'Or réduit à 900 livres.

Et le marc d'Argent à 60 livres.

	livres.	Sols.	Den.
Les Especes d'Or interdites dans le Commerce ; permis de les porter dans le mois d'Avril seulement à la Monnoye, à raison du marc de 750 *livres.*			
Et les Ecus de 10 au marc à	7		
Les demis, quarts, &c. à proportion.			
Ceux de 8 au marc à	8	15	
Les demis, quarts, &c. à proportion.			
Ceux de 9 au marc à	7	15	
Les demis, quarts, &c. à proportion.			
Pendant le mois de May les Especes d'Argent, suivant ladite Declaration du 11. *Mars, ont eu cours,*			
SÇAVOIR,			
Les Ecus de 10 au marc pour	6	10	
Ceux de 8. au marc pour	8	2	6
Ceux de 9 au marc pour	7	4	
Les Pieces de 20 sols & les livres d'argent pour . . .	1	7	6
Les Pieces de 10 sols pour	0	13	9
Pendant Juin lesdites Especes, suivant ladite Declaration du 11. *Mars, ont été réduites, & ont eu cours,*			
SÇAVOIR,			
Les Ecus de 10 au marc pour	6		
Ceux de 8 au marc pour	7	10	
Ceux de 9 au marc pour	6	13	4
Les Pieces de 20 sols & les livres d'Argent pour . . .	1	5	
Les Pieces de 10 sols pour	0	12	6
Par Edit du mois de Mars 1720. *il fut ordonné une fabrication de Louis d'Argent pour trois livres, qui commencerent à diminuer au premier May, & n'eurent cours que pour*	2	15	
Par Arrest du 29 *May* 1720. *les Especes ont été augmentées & ont eu cours, à commencer du jour de la publication, jusqu'à la fin de Juin,*			
SÇAVOIR,			
Les Louis d'Or de 25 au marc pour	49	10	
Ceux de 20 au marc pour	61	17	6
Ceux de 30 au marc pour	41	5	
Ceux de 36 un quart au marc pour	33	16	
Les Ecus de 10 au marc pour	8	5	

1720. Fabrication des Louis d'Argent pour 3. livres.

	Livres.	Sols.	Den.
Les Ecus de 8. au marc pour	10	6	
Les Ecus de 9 au marc pour	9	2	
Les Pieces de 20 sols & les livres d'Argent pour . . .	1	7	6
Les Pieces de 10 sols pour	0	13	9

L'Arrest du premier Juin 1720. leve les défenses portées par celui du 23 Fevrier precedent, d'avoir chez soy de l'argent au-dessus de 500 livres.

Par Arrest du 10 Juin 1720. les Especes ont été réduites à commencer au premier Juillet jusqu'au 16 dudit mois.

SÇAVOIR,

	Livres.	Sols.	Den.
Les Loüis d'Or de 25 au marc à	45		
Ceux de 20 au marc à	56	5	
Ceux de 30 au marc à	37	10	
Ceux de 36 un quart au marc à	30	15	
Les Ecus de 10. au marc à	7	10	
Les Ecus de 8 au marc à	9	7	6
Les Ecus de 9 au marc à	8	6	
Les Loüis d'Argent à	2	10	
Les Livres d'Argent & sixiémes d'Ecu à . . .	1	5	
Les Douziémes d'Ecu à	0	12	6

Le 16 de Juillet les Especes ont été réduites,

SÇAVOIR,

	Livres.	Sols.	Den.
Les Loüis d'Or de 25 au marc à	40	10	
Ceux de 20 au marc à	50	12	
Ceux de 30 au marc à	33	15	
Ceux de 36. un quart au marc à	27	12	
Les Ecus de 10 au marc à	6	15	
Les Ecus de 8 au marc à	8	8	9
Les Ecus de 9 au marc à	7	10	
Les Loüis d'Argent à	2	5	
Les livres d'argent & sixiémes d'Ecus à . . .	1	2	6
Les demis à	0	11	3

Par Arrest du 30 Juillet 1720. les Especes d'Or & d'Argent ont été augmentées & ont eu cours,

SÇAVOIR,

	Livres.	Sols.	Den.
Les Loüis d'Or de 25 au marc pour	72		
Ceux de 20 au marc pour	90		

Ceux

	Livres.	Sols.	Den.
Ceux de 30 au marc pour	60		
Ceux de 36 un quart au marc pour	49	12	
Les Ecus de 10 au marc pour	12		
Les demis, quarts, &c. à proportion.			
Les Ecus de 8 au marc pour.	15		
Les demis, quarts, &c. à proportion.			
Les Ecus de 9 au marc pour	13	6	8
Les Loüis d'Argent pour	4		
Les livres d'argent & sixiémes d'Ecus pour . .	2		
Les demis pour	1		
Par Arrest du 31 Juillet 1720. les Pieces ci-devant fabriquées pour 30 deniers, ont été augmentées, & ont eu cours pour	0	5	
Les Pieces de Billon ou Sols marqués pour . . .	0	3	6
Les Sols de Cuivre pour	0	2	8
Les Pieces de deux Liards pour	0	1	4
Les Liards pour			8
Par l'Arrest cy-dessus du 30 Juillet 1720. il a été indiqué des diminutions sur les Especes, lesquelles ont eu leur execution,			
SÇAVOIR,			
Au premier Septembre			
Les Louis d'Or de 25 au marc ont été réduits à . . .	63		
Ceux de 20 au marc à	78	15	
Ceux de 30 au marc à	52	10	
Ceux de 36. un quart au marc à	43	8	
Les Ecus de 10 au marc à	10	10	
Ceux de 8 au marc à	13	2	6
Ceux de 9 au marc à	11	13	4
Les Loüis d'Argent à	3	10	
Les Livres d'Argent & sixiémes d'Ecus à . . .	1	15	
Les demis à	0	17	6
Au seiziéme Septembre			
Les Loüis d'Or de 25 au marc à	54		
Ceux de 20 au marc à	67	10	
Ceux de 30 au marc à	45		
Ceux de 36. un quart au marc à	37	4	
Les Ecus de 10 au marc à	9		

	Livres.	Sols.	Den.
Ceux de 8 au marc à	11	5	
Ceux de 9 au marc à	10		
Les Loüis d'Argent à	3		
Les Livres d'Argent & Sixiémes d'Ecus à . .	1	10	
Les demis à	0	15	
Au premier Octobre			
Les Loüis d'Or de 25 au marc à	45		
Ceux de 20 au marc à	56	5	
Ceux de 30 au marc à	37	10	
Ceux de 36 un quart au marc à	31		
Les Ecus de 10 au marc à	7	10	
Ceux de 8 au marc à	9	7	6
Ceux de 9 au marc à	8	6	8
Les Loüis d'Argent à	2	10	
Les Livres d'argent & sixiémes d'Ecus à . . .	1	15	
Les demis à	0	12	6
Par Arrest du 21. Septembre 1720. les Pieces dites de 30 deniers ou mousquetaires ont été réduites à . . .	0	3	9
Les Sols marqués à	0	2	8
Les Sols de cuivre à	0	2	
Les demis à	0	1	
Les Liards à	0	0	6

EDIT DE SEPTEMBRE 1720.

Reformation des Loüis d'Or & Ecus.

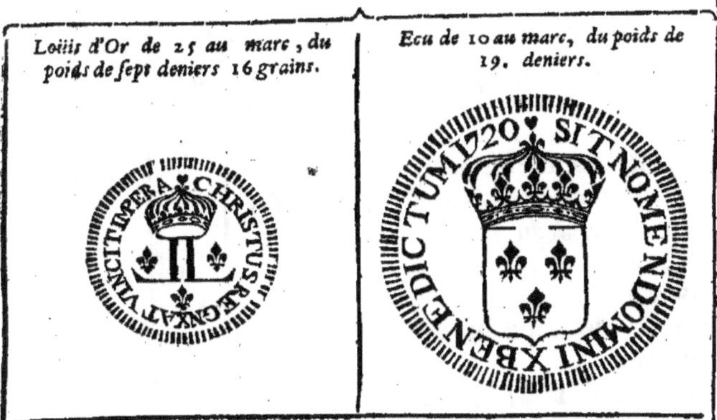

Loüis d'Or de 25 au marc, du poids de sept deniers 16 grains. — *Ecu de 10 au marc, du poids de 19. deniers.*

	Livres	Sols.
Par cet Edit il fut ordonné que les Loüis de 25 au marc seroient réformés & auroient cours pour . . .	54	
Les Ecus de 10 au marc furent réformés, & eurent cours pour	9	
Les Loüis d'Argent réformés pour	3	
Les demis, tiers, &c. à proportion.		
Par Arrest du 24 Octobre 1720. les diminutions indiquées pour le premier de Novembre n'ont eu lieu qu'au premier Decembre, auquel jour les anciennes & nouvelles Especes ont été réduites,		
SÇAVOIR,		
Les anciens Loüis d'Or de 25 au marc à . . .	36	
Ceux de 20 au marc à	45	
Ceux de 30 au marc à	30	
Ceux de 36 un quart au marc à	24	12
Les anciens Ecus de 10. au marc à . . .	6	
Ceux de 8 au marc à	7	10
Ceux de 9. au marc à	6	12
Les Livres d'Argent & sixiémes d'Ecu à . . .	1	
Les Pieces de 10 sols à	0	10

Les Especes fabriquées ou réformées, en conséquence de l'Edit de Septembre 1720. ont été réduites ledit jour premier Decembre,

SÇAVOIR,

	livres.	Sols.	Den.
Les Louis d'Or de 25 au marc à l'Empreinte de deux L. à	45		
Les Ecus de 10. au marc à l'Empreinte de l'Ecusson de France à	7	10	
Les Loüis d'Argent à la même Empreinte à . .	2	10	
Par Arrest du 24 Novembre 1720. les Pieces dites de 30 deniers furent réduites ledit jour à	0	3	
Les Sols marqués à	0	2	3
Les Sols de cuivre à	0	1	8
Le demis, & Pieces de deux liards à	0	0	10
Les quarts & liards à	0	0	5
Par Arrest du 30 Avril 1721. les Sols de cuivre furent réduits à	0	1	6
Les demis Sols de cuivre à	0	0	9
Les quarts & liards, du jour de la publication à . .	0	0	4
Par Arrest du 3 Juin 1721. les Sols ou Douzains furent réduits à	0	2	1
Par Arrest du 5 Aoust 1721. les Sols furent réduits à . .	0	1	4
Les demis Sols à	0	0	8
Les liards de France à	0	0	4
Par Arrest du 21. Juillet 1723. les Loüis d'Or de 25. au marc fabriqués & réformés en execution de l'Edit du mois de Septembre 1720. qui avoient cours pour 45 livres, ont été réduits à	44		
Les doubles & demis à proportion.			
Les Sols ou Douzains pour	0	2	3

Les Especes d'Argent ont continué d'avoir cours, conformément à l'Arrest du 24 Octobre 1720. ainsi que la valeur des matieres d'Or & d'Argent, & Especes non-réformées.

Par ledit Arrest du 21. Juillet, il a été ordonné qu'en portant au Hôtels des Monnoyes un huitiéme en certificats de liquidation, & sept huitiémes en matieres d'Or & d'Argent,

	Livres.
gent ou Especes non-réformées, la valeur du Total y seroit payée comptant en Especes fabriquées par l'Edit de Septembre 1720. les Loüis d'Or de 25 au marc fabriqués en execution de l'Edit du mois de May 1718. y ont été reçûs à la piece sur le pied de	36
Les Ecus de 10 au marc de la même fabrication, sur le pied de	6

Les demis, quarts, & sixiémes à proportion.

Et lorsque les Especes & matieres ont été portées aux Monnoyes sans certificats de liquidation, elles y ont été reçûës sur le pied :

SÇAVOIR,

Le marc d'Or à . . . *945 livres.*
Et le marc d'Argent à . . *63 livres.*

Les Loüis d'Or de 25 au marc, & les Ecus de 10 au marc fabriqués en execution de l'Edit de May 1718. y ont été reçûs à la piece, à raison de 37 livres 16 sols le Loüis d'Or, & de 6 livres 6 sols l'Ecu : Les demis, quarts & sixiémes à proportion.

Par Arrest du 5 Aoust 1723. les Louis d'Or fabriqués ou réformés en execution de l'Edit du mois de Septembre 1720. du poids de 7 deniers 16 grains, qui est celui qu'ils devoient avoir au sortir de la fabrique, furent reçûs sans diminution dans les payemens sur le pied de sept deniers 15. grains trébuchans, & à 7 deniers 14 grains trébuchans, ils ont eu seulement cours pour 44 livres, donnant 5 sols pour le foiblage ; ceux de moindre poids furent décriés de tout cours & portés aux Hôtels des Monnoyes, où ils y ont été payés sur le pied de 900 livres le marc, en y portant un huitiéme en certificats de liquidation, & sur le pied de 940. livres sans aucuns certificats de liquidation.

EDIT D'AOUST 1723.

Fabrication de Louis d'Or.

Loüis d'Or de 37. & demi au marc, du poids de 5 deniers 2 grains.

	livres.	Sols.
Par cet Edit il fut ordonné qu'il seroit fabriqué des Loüis d'Or à la taille de 37 & demi au marc, du poids de 5 deniers 2 grains, qui ont eu cours pour	27	
Les doubles & demis à proportion.		
Il a été ordonné par le même Edit que les Ecus de 10 au marc, fabriqués & réformés par l'Edit du mois de Septembre 1720. du même poids & titre que ceux fabriqués par l'Edit du mois de May 1718. qui avoient cours pour 7 livres 10 sols seroient réduits à	6	18
Les tiers, demis, &c. à proportion.		
Le même Edit a augmenté les Ecus de 10 au marc non-réformés, pour avoir cours dans le Commerce sur le pied de ceux cy-dessus, pour	6	18
Les demis, tiers, &c. à proportion.		
Et les Louis d'Or de 25 au marc du poids de 7 deniers 15 grains trébuchans, ont eu cours pour	39	12
Les Loüis d'Or de 7 deniers 14 grains trébuchans pour	39	7
Les demis à proportion; & ce jusqu'au premier Decembre 1723. passé lequel tems, décriés & hors de cours.		

Prix de l'Or & de l'Argent porté à la Monnoye & au Change.

Marc d'Or. : 997 liv. les 4. den. déduits. 980 liv. 7 sols 8 deniers.

Marc d'Argent. 68 liv. Au Change 66. livres 17 sols 4 deniers.

L'Arrest du 30 Novembre 1723. proroge le cours des Ecus de 10 au marc : Les tiers, sixiémes & douziémes à proportion de 6 livres 18 sols l'Ecu.

	Livres.	Sols.	Den.
Par Arrest du 4 Fevrier 1724. les Louis d'Or de 37 & demi au marc furent réduits de 27 livres à . . .	24		
Les Ecus de 10 au marc de 6 liv. 18 sols à . . .	6	3	
Les demis, quarts &c. à proportion.			
Marc d'Or à 885 livres.			
Marc d'Argent à 60 livres 10 sols.			
Par Arrest du 27 Mars 1724. les Louis d'Or de 37. & demi au marc ont été réduits à	20		
Les Ecus de 10 au marc à	5		
Les demis, tiers, &c. à proportion.			
Marc d'Or à 735 livres.			
Marc d'Argent à 49 livres.			
Les Pieces dites de 30 deniers, ou Mousquetaires, qui avoient cours pour trois sols, ont été réduites par ledit Arrest à	0	2	3
Les Sols ou Douzains à	0	1	6
Les Sols de cuivre à	0	1	
Les Liards à	0	0	3
Par Arrest du 22 Septembre 1724. les Louis de 37. & demi au marc furent réduits de 20 livres à . . .	16		
Les doubles & demis à proportion.			
Les Ecus de 10 au marc de cinq livres à . . .	4		
Les demis, quarts, &c. à proportion.			
Les Louis & les Ecus des anciennes fabrications ont été reçûs à l'Hôtel des Monnoyes sur le pied d'un cinquiéme de diminution du prix réglé par l'Arrest du 27. Mars précedent.			

EDIT DE SEPTEMBRE 1724.

Fabrication des Ecus.

Ecu de 10 trois huitiémes au marc, du poid de 18 deniers 12 grains.

	Livres.	Sols.
Par cet Edit il a été fabriqué des Ecus de 10 trois huitiémes au marc, qui ont eu cours pour	4	
Les quarts, dixiémes, à proportion.		
Les Arrests des 16 Janvier & 24 Juillet 1725. donnent cours aux Ecus de dix au marc, fabriqués ou réformés par les Edits des mois de May 1718. & Septembre 1720. jusqu'au premier Novembre, sur le pied de 4 livres l'Ecu.		
Les tiers, sixiémes, &c. à proportion.		
Par Arrest du 4 Decembre 1725. les Louis d'Or de 37 & demi au marc, & les Ecus de 10 & de 10 trois huitiémes au marc, ont été réduits au premier Janvier 1726.		
SÇAVOIR,		
Les Louis d'Or de 37 & demi au marc de 16. livres à	14	
Les doubles & demis à proportion.		
Les Ecus de 10 & de 10 trois huitiémes au marc de 4 livres à	3	10
Les demis, tiers, quarts, &c. à proportion.		
Le marc des Louis d'Or décriés, des Pistoles d'Espagne, des Millerets, & des Guinées d'Angleterre à 514 livres 10 sols.		

Le

Le marc des Ecus de France décriés, des Piastres & Réaux d'Espagne, & les Ecus d'Angleterre, à 35. *livres 12. sols 3 deniers.*

EDIT DE JANVIER 1726.

Refonte generale des Especes d'Or & d'Argent.

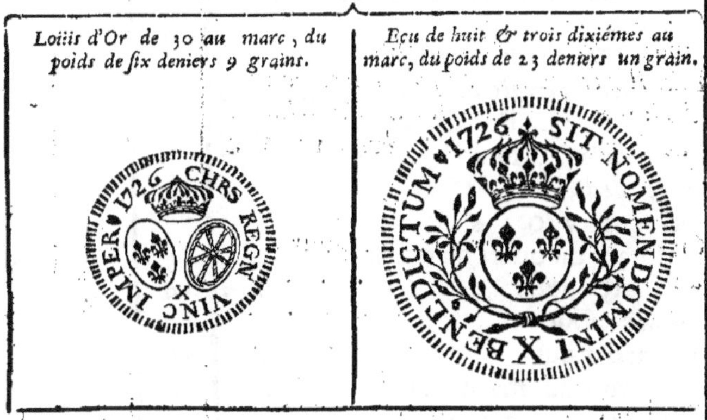

	Livres.
Par cet Edit il a été fabriqué des Loüis d'Or à la taille de trente au marc, du poids de 6 deniers 9. grains, qui ont eu cours pour	20
Les doubles & demis à proportion.	
Et des Ecus à la taille de 8 & trois dixiémes au marc, du poids de 23 deniers un grain, qui ont eu cours pour	5
Les demis, cinquiémes, dixiémes, & vingtiémes à proportion.	

Il a été ordonné par le même Edit que toutes les anciennes Especes d'Or & d'Argent seroient décriées de tout cours, à commencer du jour de sa publication, lesquelles Especes ont été reçûës aux Hôtels des Monnoyes sur le pied, SÇAVOIR,

Le Marc d'Or à 492 livres.

Et le Marc d'Argent 34 livres.

Le même Edit a donné cours dans le Commerce de-

puis le premier Fevrier jusqu'au dernier Avril audit an, aux Louis d'Or de 37 & demi au marc, & aux Ecus de 10 & 10 trois huitiémes au marc,

SÇAVOIR,

	Livres.	Sols.	Den.
Les Louis d'Or de 37 & demi au marc pour . .	12		
Et les Ecus de 10 & 10 trois huitiémes au marc pour	3		
Les demis, quarts, &c. à proportion.			

Par le même Edit il a été permis de porter les anciennes Especes d'Or & d'Argent aux Recettes de Sa Majesté, pendant les mois de Fevrier, Mars & Avril 1726. & y ont été reçûës sur le pied,

SÇAVOIR,

	Livres.	Sols.	Den.
Les Louis d'Or de 36 un quart au marc pour . . .	13	7	
Ceux de 30 au marc pour	16	4	
Ceux de 20 au marc pour	24	6	
Ceux de 25 au marc pour	19	8	
Et ceux de 37 & demi au marc pour	12	18	
Les doubles & demis à proportion.			
Les Ecus de 9 au marc pour	3	14	
Ceux de 8. au marc pour	4	3	6
Ceux de 10 au marc pour	3	6	
Et ceux de 10 trois huitiémes au marc pour . . .	3	4	
Les demis, quarts &c. à proportion.			

Par Arrest du 2. Mars 1726. il a été ordonné qu'il ne pourra être transporté hors des Villes où il y a Hôtel des Monnoyes, aucunes autres Especes d'Or & d'Argent que celles fabriquées en conséquence de l'Edit du mois de Janvier précedent.

L'Arrest du 30 Avril 1726. proroge les diminutions ordonnées par les Articles IV. V. & VI. de l'Edit du mois de Janvier précedent.

Par Arrest du 26 May 1726. les Especes de la derniere fabrication ordonnée par l'Edit du mois de Janvier dernier, ont été augmentées,

SÇAVOIR,

	Livres.	Sols.	Den.
Les Loüis d'Or de 30 au marc pour	24		

D'OR ET D'ARGENT.	Livres.	Sols.	Den.
Les Ecus de 8 & 3 dixiémes au marc pour . . .	6		
Les demis & autres diminutions de l'Ecu à proportion.			
Qu'à commencer du jour de la publication dudit Arrest toutes les anciennes Especes d'Or & d'Argent fabriquées dans les Hôtels des Monnoyes, seront reçûës dans les Bureaux des Recettes de Sa Majesté,			
SÇAVOIR,			
Les Loüis d'Or de 36 un quart au marc pour . .	17	6	
Ceux de 30 au marc pour	21		
Ceux de 20 au marc pour	31	10	
Ceux de 25 au marc pour	25	4	
Et ceux de 37 & demi au marc pour	16	16	
Les Ecus de 9 au marc pour	4	15	
Ceux de 8 au marc pour	5	7	
Ceux de 10 au marc pour	4	5	6
Et ceux de 10 trois huitiémes au marc pour . . .	4	3	6
Les diminutions desdits Louis & Ecus à proportion.			
En execution dudit Arrest le marc des anciennes Especes a été reçû aux Hôtels des Monnoyes sur le pied,			
SÇAVOIR,			
Le marc des anciens Louis d'Or à 637 livres 10 sols.			
Et le marc des anciens Ecus à 44 livres.			
Par Arrest du 8. Juin 1726. les Sols qui étoient à 18. *deniers ont été augmentés pour*	0	1	9
Les Pieces dites de 30 den. ou Mousquetaires à . . .	0	2	6
Les demis, à proportion.			
Par Arrest du 15 Juin 1726. le marc des anciens Louis d'Or a été fixé pour être reçû aux Hôtels des Monnoyes jusqu'au premier Janvier 1727. à raison de 678. livres 15 sols.			
Et le marc des anciens Ecus à 46 livres 18 sols.			
Ledit Arrest ordonne que les anciennes Especes seront reçûës à la piece jusqu'audit jour premier Janvier 1727. dans les Bureaux des Recettes de Sa Majesté,			

SÇAVOIR,

	Livres.	Sols.
Les Loüis d'Or de 36 un quart au marc fabriqués avant l'Edit du mois de May 1709. pour . . .	18	7
Ceux de 30 au marc fabriqués par les Edits des mois de May 1709. & Decembre 1715. pour . . .	22	6
Ceux de 20 au marc fabriqués par l'Edit du mois de Novembre 1716. pour	33	9
Ceux de 25 au marc fabriqués par les Edits des mois de May 1718. & Septembre 1720. pour . . .	26	15
Et ceux de 37 & demi au marc, fabriqués par l'Edit du mois d'Aoust 1723. pour	17	18
Les Ecus de 9 au marc fabriqués avant l'Edit du mois de May 1709. pour	5	1
Ceux de 8 au marc des fabrications de 1709. & 1715. pour	5	15
Ceux de 10 au marc des fabrications de 1718 & 1720. pour	4	11
Et ceux de 10 trois huitiémes au marc, fabriqués par l'Edit du mois de Septembre 1724. pour . . .	4	9
Les diminutions desdits Loüis & Ecus à proportion.		
Par l'Arrest du 28 Novembre 1729. il a été ordonné que les Pieces de 30 deniers n'auroient plus cours que pour	0	2
Et celles de 21 deniers seroient données & reçûës dans tous les payemens pour le même prix de	0	2

L'Arrest du 6. Decembre 1729. proroge jusqu'au dernier Decembre 1730. l'execution de ceux des 15 Juin & 14 Decembre 1726. 15 Juin & 9 Decembre 1727. premier Juin & 5 Decembre 1728. concernant le prix des anciennes Especes & matieres d'Or & d'Argent, lesquelles seront reçûës dans les Bureaux des Recettes de Sa Majesté & aux Hôtels des Monnoyes, ainsi que par les Changeurs, sur le pied fixé par ledit Arrest du 15. Juin 1726.

SUIVENT
LES
EMPREINTES
DESDITES ESPECES,
AVEC LEUR VALEUR ACTUELLE,

Tant dans le Commerce qu'aux Bureaux des Recettes de Sa Majesté, & aux Hôtels des Monnoyes, suivant l'Arrest du Conseil du 15 Juin 1726. dont l'execution a eté prorogée par ceux des 14 Decembre audit an, 15. Juin & 9. Decembre 1727. premier Juin & 5. Decembre 1728. & 6. Decembre 1729. jusqu'au premier Janvier 1731.

VALEUR ACTUELLE DES ESPECES D'OR.

Ces cinq Louis d'Or à la taille de 36 un quart au marc, du poids de 5 den. 6 grains,
VALENT 18. *livres* 7. *sols.*

1re. page. 2e. page. 3e. page. 5e. page. 7e. page.

Ces deux Louis d'Or à la taille de 30 au marc, du poids de 6. deniers 9 grains.
VALENT 22. *livres* 6. *sols.*

10e. page. 14e. page.

Ce Louis d'Or à la taille de 20 au marc, du poids de 9 deniers 14 grains,
VAUT 33. *livres* 9. *sols.*

15e. page.

Ces deux Louis d'Or à la taille de 25 au marc, du poids de 7 deniers 16 grains,
VALENT 26 *livres* 15 *sols.*

17e. page. 27e. page.

Ce Louis d'Or à la taille de 37 & demi au marc, du poids de 5 deniers 2 grains,
VAUT 17 *livres* 18 *sols.*

30e. page.

Ce Louis d'Or à la taille de 30 au marc, du poids de 6 deniers 9 grains, a cours dans le Commerce pour 24 livres.

33e.

VALEUR ACTUELLE DES ESPECES D'ARGENT.

Ces cinq Ecus à la taille de 9. au marc, du poids de 21. deniers,
VALENT 5. *livres* 1. *sol.*

1re. page.

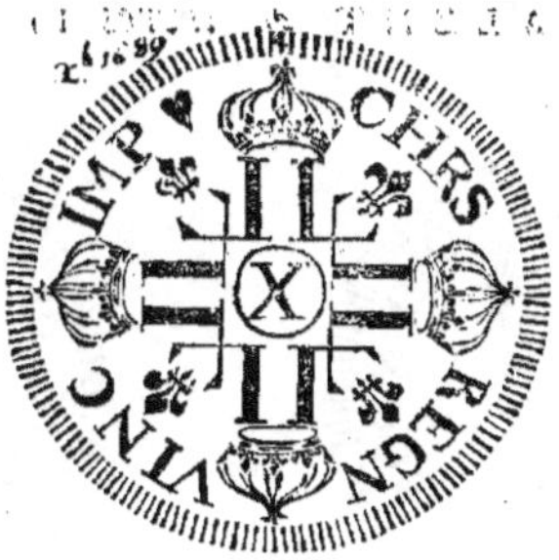

2e. page.

3e. page.

5e. page.

7e. page.

Ces deux Ecus à la taille de 8. au marc, du poids de 23. deniers, 18 grains,
VALENT 5. *livres* 15. *sols.*

10e. page.

14e. page.

VALEUR ACTUELLE DES ESPECES D'ARGENT.

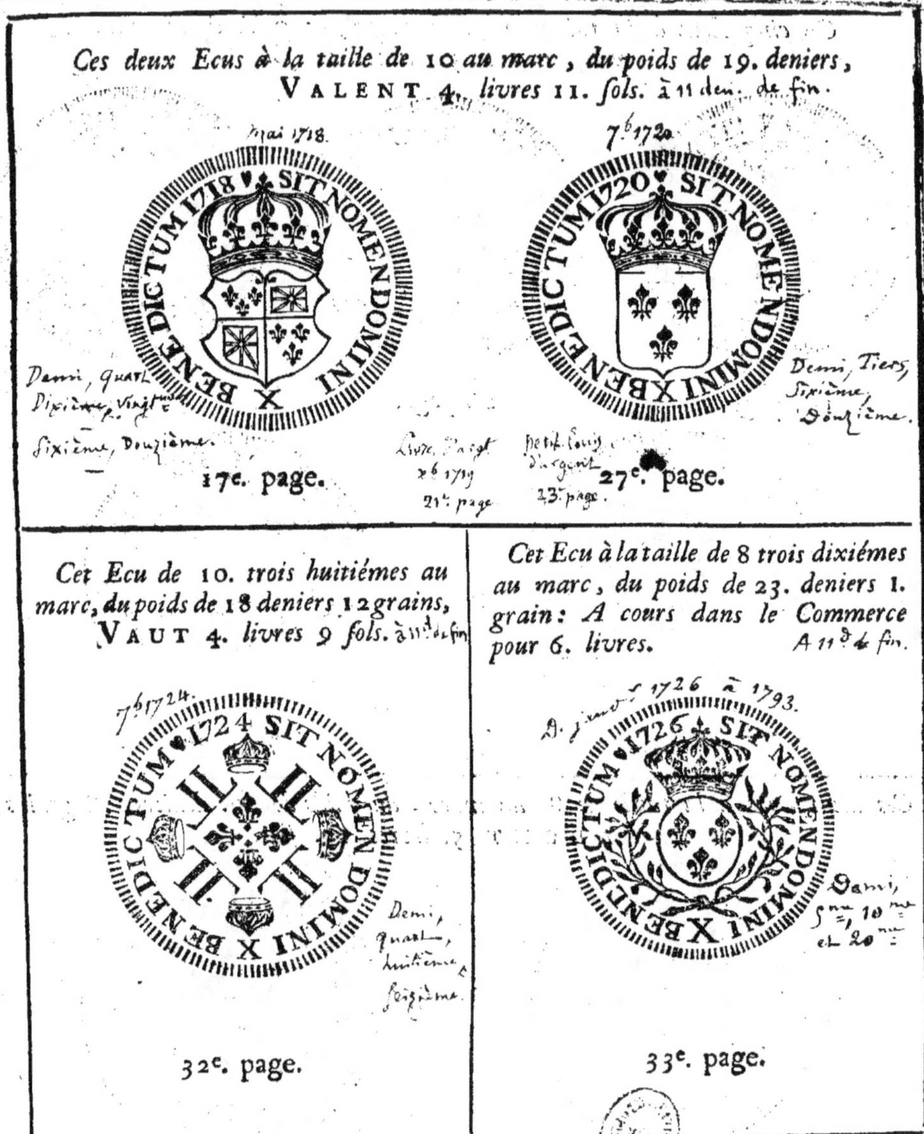

PSEAUME CXI.

Que tous ceux qui craignent Dieu ſeront heureux : que les impies ſeront miſerables & periront.

Eátus vir qui timet Dóminum : * in mandátis ejus volet nimis !

Potens in terra erit ſemen ejus ; * Generátio rectórum benedicétur.

Glória & divítiæ in domo ejus : * & juſtítia ejus, manet in ſæculum ſæculi.

Exórtum eſt in ténebris lúmen rectis : * miſéricors & miſerátor & juſtus.

Jucúndus homo qui miſerétur & cómmodat, diſpónet ſermónes ſuos in judício : * quia in ætérnum non commovébitur.

In memória ætérna erit juſtus : * ab auditióne mala non timébit.

Parátum cor ejus ſperáre in Dómino, confirmátum eſt cor ejus : * non commovébitur, donec deſpíciat inimícos ſuos.

Diſperſit dedit paupéribus, juſtítia ejus manet in ſæculum ſæculi : * cornu ejus exaltábitur in glória.

www.ingramcontent.com/pod-product-compliance
Lightning Source LLC
LaVergne TN
LVHW010006230826
846092LV00002B/672

* 9 7 8 2 3 2 9 6 6 2 5 4 1 *